BEI GRIN MACHT SICH IHR WISSEN BEZAHLT

Bibliografische Information der Deutschen Nationalbibliothek:

Die Deutsche Bibliothek verzeichnet diese Publikation in der Deutschen National-
bibliografie; detaillierte bibliografische Daten sind im Internet über http://dnb.d-
nb.de/ abrufbar.

Impressum:

Copyright © 2016 GRIN Verlag, Open Publishing GmbH
Druck und Bindung: Books on Demand GmbH, Norderstedt Germany
ISBN: 978-3-668-19757-2

Dieses Buch bei GRIN:

http://www.grin.com/de/e-book/318723/wie-entstand-die-dolchstosslegende-inhalt-
und-verbreitung-durch-hindenburg

Tugay Topal

Wie entstand die Dolchstoßlegende? Inhalt und Verbreitung durch Hindenburg und Ludendorff

GRIN Verlag

GRIN - Your knowledge has value

Der GRIN Verlag publiziert seit 1998 wissenschaftliche Arbeiten von Studenten, Hochschullehrern und anderen Akademikern als eBook und gedrucktes Buch. Die Verlagswebsite www.grin.com ist die ideale Plattform zur Veröffentlichung von Hausarbeiten, Abschlussarbeiten, wissenschaftlichen Aufsätzen, Dissertationen und Fachbüchern.

Besuchen Sie uns im Internet:

http://www.grin.com/

http://www.facebook.com/grincom

http://www.twitter.com/grin_com

Inhaltsverzeichnis

1.Einleitung

Was ist 'die Dolchstoßlegende'? Was besagt sie? Wann entstand sie? Wer verbreitete sie? Und: Aus welchem Grund wurde sie verbreitet?

Ziel dieser Facharbeit ist es, diese Fragen, mit besonderem Fokus auf die Gründe der Verbreitung dieser Legende, zu beantworten. Dazu werden zwei Quellen von Leuten, die die Dolchstoßlegende zu ihrem Vorteil nutzten, bearbeitet. Davor aber wird diese erst einmal definiert. Darauf folgt eine Beschreibung des zeitgeschichtlichen Hintergrundes, um einen Einblick in die innenpolitische Lage Deutschlands, in der Zeit in der diese Legende populär wurde, zu bekommen.

Als erste Quelle wird eine Tagebuchaufzeichnung von Albrecht von Thaer, einem deutschen Generalstabsoffizier, in der er die Ansprache Erich Ludendorffs aufgezeichnet hat, behandelt. Diese Quelle wird verwendet, da Erich Ludendorff Stellvertreter Paul von Hindenburgs war, der wiederum Chef der Obersten Heeresleitung gewesen ist. Diese beiden waren im Grunde verantwortlich für die Oberste Heeresleitung, somit für das Militär und etablierten die Dolchstoßlegende. Aus dieser Quelle wird ersichtlich, wie die Dolchstoßlegende genutzt wird und welche Absicht Ludendorff verfolgt.

Die zweite Quelle, die bearbeitet wird, ist eine Erinnerungsschrift von Paul von Hindenburg selbst. Diese Quelle wurde gewählt, weil die Dolchstoßlegende in dieser angedeutet wird und sie die Niederlage Deutschlands aus Hindenburgs Perspektive darstellt.

2. Definition der Dolchstoßlegende

Der Soldat fällt mit einem Dolch im Rücken an der Front, der Täter – *ein Sozialdemokrat*. Diese Metapher zeichnet die Dolchstoßlegende aus. Doch was macht eine Legende aus? Eine Legende kann beispielsweise eine Heiligenlegende oder Volkslegende sein. Dabei handelt es sich um Erzählungen von Heiligen, wie etwa christlichen Persönlichkeiten, oder bei einer Volkslegende, um andere, als vorbildlich geltende, Personen. Diese werden größtenteils verbal weitergegeben und thematisieren geschichtliche Begebenheiten, die aber häufig übertrieben dargestellt werden. Daher sind Legenden kritisch zu betrachten und entsprechen in der Form, in der sie erzählt werden, üblicherweise nicht der Wahrheit.

Es ist also kein Geheimnis, dass die Dolchstoßlegende in der Form, in der sie verbreitet wurde, nicht der Wahrheit entspricht. Sie ist eine Theorie oder vielmehr eine Ideologie, die gegen Ende des Ersten Weltkrieges von der deutschen Obersten Heeresleitung verbreitet wurde und besagt, dass die Sozialdemokratie und andere demokratische Parteien Schuld an der Niederlage im Ersten Weltkrieg seien. Der Obersten Heeresleitung nach, sei die deutsche Armee dem Sieg nahe gewesen, doch gegnerische Zivilisten und Politiker hätten sie verraten. Dieser Verrat soll in Form von organisierten Aufständen und dem Streben nach anderen Zielen, als die der OHL, verwirklicht worden sein. Zu diesen Zielen dieser Parteien gehörten die Friedensbemühungen und das Verzichten auf Annexionen.

Erstmals öffentlich gebraucht wurde die Dolchstoßlegende in einem Artikel der 'Neuen Zürcher Zeitung' vom 17. Dezember 1918. Diesem Artikel nach soll der britische General Sir Frederick Maurice gesagt haben, dass die deutsche Armee von der Zivilbevölkerung von hinten erdolcht worden sei.

3. Quellenanalysen

3.1 Historischer Kontext: *Die Lage zwischen 1917-1919*

Am 28. Juli 1914 begann der Erste Weltkrieg mit der Kriegserklärung Österreich-Ungarns an Serbien. Deutschland gehörte neben Österreich-Ungarn, Bulgarien und dem Osmanischen Reich auf der einen Seite und Frankreich, Großbritannien, Russland, Serbien, Belgien, Italien, Rumänien, Japan und den USA auf der anderen Seite, zu den zentralen Beteiligten.

Der U-Boot-Krieg

Die Quellenauszüge, die in dieser Facharbeit behandelt werden, beziehen sich auf das Jahr 1918, in dem Deutschland den Waffenstillstand von Compiègne schloss, da die Lage aussichtslos schien. Erste Zweifel an der militärischen Kriegsführung drückte der Zentrumsabgeordnete Matthias Erzberger aus, der im Reichstag, im Juli 1917, seine Zweifel an der Effektivität des U-Boot-Krieges schilderte. Der U-Boot-Krieg wurde zuvor am 1. Februar 1917 begonnen, da die Oberste Heeresleitung, geführt von Paul von Hindenburg und Erich Ludendorff, dies gefordert hatte, bis der Kaiser schlussendlich nachgab und diesen bewilligte.

Die Friedensresolution

Das Zentrum, die Liberalen und die Sozialdemokratie bestanden auf eine „Friedensresolution", einen Beschluss, der die Absicht für Frieden ohne Gebietsaneignungen seitens Deutschlands darlegen sollte. Daher nahm der Reichstag am 19. Juli 1917 mit der Mehrheit der Stimmen dieser Parteien die Friedensresolution an. Die Oberste Heeresleitung dagegen wollte, entgegen der Mehrheit, einen solchen Friedensbeschluss vermeiden. Als Antwort auf die Friedensresolution wurde Anfang September 1917 die Deutsche Vaterlandspartei gegründet, die auf Gebietsaneignungen bestand.

Wilsons 14-Punkte-Programm

Erste konkrete Bemühungen in Richtung Frieden gingen vom US-Präsidenten Woodrow Wilson aus, der am 8. Januar 1918 sein 14-Punkte-Programm vorstellte. Dieses sah unter anderem die Räumung und Wiederherstellung Belgiens, Serbiens, Montenegros und den Verzicht auf Elsass-Lothringen vor. Neben Deutschland lehnte auch Österreich-Ungarn Wilsons 14 Punkte am 24. Januar 1918 ab.

Der Januarstreik

Kurz danach kam es zwischen dem 28. Januar und dem 2. Februar 1918 zu dem sogenannten „Januarstreik", dieser verwirklichte sich in Massenprotesten und Streiks von mehr als einer Million Arbeitern, besonders in Berlin und anderen industriellen

Städten. Der Januarstreik war, in Deutschland, der dritte Massenstreik gegen den Ersten Weltkrieg, der sich besonders darin unterschied, dass die Proteste eher politisch motiviert waren, da sie für den Frieden und entgegen der Haltung der Obersten Heeresleitung, gegen Gebietsansprüche eintraten. Außerdem wurde der Januarstreik größtenteils von Angehörigen der Unabhängigen Sozialdemokratischen Partei (USPD), die sich zuvor im Jahr 1917, aufgrund verschiedener Interessen, von der SPD abgespalten hatte, organisiert.

Waffenstillstandsforderung

Nach der Niederlage Deutschlands, bei der Schlacht bei Amiens am 8. August 1918, gestand sich die Oberste Heeresleitung die Aussichtslosigkeit auf einen Sieg ein. Am 14. August 1918 gab die OHL dies auch im Hauptquartier zu Spa zu. Daraufhin forderte Ludendorff am 29. September 1918 einen sofortigen Waffenstillstand, da er befürchtete, dass die Alliierten erneut die Westfront durchbrechen würden. Die Quelle von Albrecht von Thaer berichtet von dem Tag nach Ludendorffs Waffenstillstandsforderung, einer Versammlung am 1. Oktober 1918. Infolge der Vereinbarung der „Revolution von Oben", in der alle Parteien im Reichstag einbezogen werden sollten, setzte man alle Hoffnungen auf das 14-Punkte-Programm Wilsons und ließ ihm am 4.Oktober 1918 ein Schreiben zukommen, indem er gebeten wurde die Friedenswiederherstellung für Deutschland in die Hand zu nehmen. Wilson bestand in seiner Antwort, unter anderem, auf eine Entwaffnung Deutschlands, sodass die Alliierten militärisch weiterhin die Oberhand behalten würden. Obwohl besonders Ludendorff Wert auf eine Friedensverhandlung legte, rief er am 24. Oktober 1918 das Heer zur Fortsetzung des Kampfes auf, da er die Forderungen Wilsons für Unannehmbar hielt. Der Reichskanzler Max von Baden sah diese Handlung als Ungehorsam seitens der OHL an und sorgte für die Entlassung Ludendorffs am 25. Oktober 1918.

Die Gründung der Weimarer Republik

Ab dem 28. Oktober kam es zu Aufständen, da die Seekriegsleitung statt zu kapitulieren, weitere Angriffe vor hatte und die Matrosen den Befehl verweigerten. Dies sorgte für die Novemberrevolution, im Zuge dieser gab es Aufstände in einigen Städten, wie anfangs in Kiel und später in München und Köln. Dem Kaiser wurde am 1. November 1918 mitgeteilt, dass das Kabinett seine Abdankung forderte, einige Tage später sah er sich gezwungen abzudanken. Ab dem 10. November 1918 beschäftigten sich die Sozialdemokraten mit den Regierungsgeschäften, da die Monarchie einen Tag zuvor endgültig zusammengebrochen war, die Republik ausgerufen und somit die Weimarer Republik gegründet wurde. Schließlich unterschrieb Matthias Erzberger am 11. November 1918 den Waffenstillstand. Darauf folgten Friedensverhandlungen und

Bemühungen die Forderungen des Präsidenten Wilson erfüllen zu können. Dieser forderte eine demokratische Regierung in Deutschland und die Einberufung einer Nationalversammlung. Bei Missachtung dieser Forderungen drohte er mit der Unterlassung des Versuches, einen gemäßigten Friedensschluss herbeizuführen. Deshalb wurde am 19. Januar 1919 die Nationalversammlung gewählt. Die Alliierten übergaben den deutschen Delegierten am 7. Mai ihren Vertragsentwurf, der jedoch nicht den Versprechungen Wilsons entsprach. In Deutschland war man sich uneinig, ob man diesen Friedensvertrag unterschreiben sollte, dies zeigten die Ergebnisse der Kabinettsabstimmung am 19. Juni.

Endgültiger Friedensbeschluss

Die OHL plante den Rückzug der deutschen Truppen hinter die Elbe und gleichzeitig eine Entlastungsoffensive gegen Polen, falls der Krieg wieder aufgenommen werden müsste. Eine Abstimmung in der Nationalversammlung am 22.Juni 1919 führte zu einer Mehrheit derer, die der Vertragsunterzeichnung zustimmten. Kurz darauf, am 28. Juni, wurde der Friedensvertrag im Spiegelsaal von Versailles unterzeichnet.

3.2 Quellenanalyse: Albrecht von Thaer „Generalstabsdienst an der Front und in der O.H.L", Tagebucheintrag vom 1.10.1918

Die Quelle, die im Folgenden behandelt wird, ist ein Auszug aus den Tagebuchnotizen vom 1. Oktober 1918, von Albrecht von Thaer.

Albrecht von Thaer lebte vom 2. Juni 1868 bis zum 23. Juni 1957 und diente als deutscher Generalstabsoffizier und Generalbevollmächtigter des ehemaligen Königs von Sachsen. In dieser Tagebuchnotiz berichtet er, anlässlich der aussichtslosen militärischen Lage Deutschlands, von einer Versammlung, der Erich Ludendorff beitrat und die voraussichtliche Niederlage Deutschlands eingestand.

Der Quellenauszug ist in dem Buch „Albrecht von Thaer, Generalstabsdienst an der Front und in der O.H.L. Aus Briefen und Tagebuchaufzeichnungen 1915-1919, S.234-235" zu finden und wurde erstmals von Siegfried A. Kaehler 1958 in Göttingen herausgegeben.

Aus der Einleitung des Herausgebers geht hervor, dass Thaer, nach seiner Verabschiedung 1920, die Absicht hatte seine Kriegserinnerungen zu verschriftlichen und nicht an ihre Veröffentlichung gedacht habe. Daher kann dem Autor keine bestimmte Intention zugeschrieben werden, die eine bestimmte Leserschaft erreichen sollte.

Der Quellenauszug lässt sich in zwei Sinnabschnitte unterteilen:

1. Die militärische Lage (S.234)
2. Die innenpolitischen Konsequenzen (S.234-235)

Die militärische Lage (S.234):

Albrecht von Thaer beschreibt die Lage zu Beginn seiner Notizen als „furchtbar und entsetzlich". Die Ausrufe „Es ist so!" und „In der Tat!" unterstreichen zudem die sehr emotionale Textsprache. Er beschreibt Ludendorff als „von tiefstem Kummer erfüllt", der jedoch mit „hoch erhobenem Haupt" in ihre Mitte getreten sei. Er sieht ihn als eine „germanische Heldengestalt" an und behauptet, er habe an Siegfried „mit der tödlichen Wunde im Rücken von Hagens Speer" denken müssen. Dabei bezieht er sich auf eine germanische Sage, die Nibelungensage, derzufolge Hagen dem Helden Siegfried einen Speer in den Rücken gerammt habe. Damit deutet er den Dolchstoß an und stellt Ludendorff als Helden dar, der aus dem Hinterhalt verletzt worden sei.

Mit den Worten „er sagte ungefähr folgendes" gibt Albrecht von Thaer die Worte Ludendorffs wieder. Dieser habe gesagt, dass er verpflichtet sei ihnen zu sagen, dass ihre militärische Lage ernst sei, da die Westfront durchbrochen werden könnte. Ludendorff sagte, der Kaiser habe die OHL zum ersten Mal gefragt, was sie noch bewirken könne. Laut Thaer gab Ludendorff ihm zu erkennen, dass die OHL und das deutsche Heer „am Ende" seien und eine „endgültige Niederlage" bevorstehe. Auch die Verbündeten Deutschlands stünden vor einer Niederlage.

Thaer zufolge stellte Ludendorff die Armee als unzuverlässig dar, da sie „durch das Gift spartakistisch-sozialistischer Ideen verseucht" sei. Damit spricht er den Spartakusbund an, der, unter anderem, ein sofortiges Kriegsende forderte. Ludendorff habe außerdem gesagt, dass sich die Lage seit dem 8.8 verschlechtert habe. An diesem Tag gestand sich die OHL erstmals die aussichtslose Lage nach der Niederlage bei Amiens ein. Albrecht von Thaer behauptet, Ludendorff habe, laut eigener Aussage, vorausgesehen, dass der Feind mit Hilfe der Amerikaner siegen werde, was zur Austragung der Revolution nach Deutschland führe.

Die innenpolitischen Konsequenzen (S.234-235):

Laut Thaer habe Ludendorff diese „Katastrophe" vermeiden wollen, daher forderte die OHL vom Kaiser und Kanzler einen Antrag auf „Herbeiführung eines Waffenstillstandes". Dieser Antrag solle bei dem amerikanischen Präsidenten Wilson gestellt werden, der auf der „Grundlage seiner 14 Punkte" für Frieden sorgen solle. Mit den 14 Punkten ist das 14-Punkte-Programm vom US-Präsidenten Woodrow Wilson gemeint, der dieses am 8. Januar 1918 vorstellte und damit den Frieden herzustellen versuchte. Ludendorff habe erkannt, dass die Fortsetzung des Krieges nicht von Nutzen sei und wollte ein Kriegsende, um nicht noch die „tapfersten Leute zu opfern". Thaer zufolge sagte Ludendorff, dass es für den Feldmarschall und ihn ein „schrecklicher Augenblick" gewesen sei, dies dem Kaiser und dem Kanzler melden zu müssen. Graf Hertling habe sein Amt niederlegen wollen, da er nicht sein „Leben damit beschließen" wolle, den Waffenstillstand zu fordern.

Ludendorff fügte hinzu, dass sie zur Zeit keinen Kanzler hätten. Er bat den Kaiser '„diejenigen Kreise an die Regierung zu bringen'", denen sie es '„in der Hauptsache zu danken'" hätten, dass sie '„so weit gekommen'" seien. Diese sollten '„die Suppe [...] essen, die sie uns eingebrockt haben!'". Damit deutet er auf die Politiker hin, denen er die Schuld an der Lage zuschreibt.

Albrecht von Thaer berichtet von der Trauer, die die Zuhörer überkommen haben soll. Vielen sollen „unwillkürlich die Tränen über die Backen" gelaufen sein. Nach der Rede Ludendorffs habe er ihn noch einmal gefragt, ob das, was er sagte der Wahrheit entspräche. Ludendorff solle entgegnet haben, dass es wahr ist, was er erzählt hat.

Sachurteil: Bewertung der Quelle

Bei der Bewertung dieser Quelle muss die Tatsache berücksichtigt werden, dass Albrecht von Thaer darauf bestand, dass seine Niederschriften erst nach seinem Tod veröffentlicht werden sollten. Er habe mögliche Auseinandersetzungen mit früheren Kameraden vermeiden wollen.[1] Dies könnte bedeuten, dass seine Niederschriften nicht vollkommen der historischen Wirklichkeit entsprechen. Es könnte aber auch lediglich daran liegen, dass er gewisse Anschauungen, die seine Kameraden vertraten, kritisiert hat. Es kann auch nicht ausgeschlossen werden, dass ihm klar war, dass seine Aufzeichnungen die verbreitete Dolchstoßlegende in Frage stellten.

Die Behauptung Ludendorffs, es müssten „diejenigen Kreise an die Regierung" gebracht werden, „denen wir es in der Hauptsache zu danken haben, dass wir so weit gekommen sind"[2], zeigt, dass er die Schuld für die militärische Niederlage Politikern, wie den Sozialdemokraten und dem Spartakusbund zuschreibt, da diese die Armee mit ihren Ideen verseucht hätten. Diese Behauptung ist aus historischer Sicht jedoch nicht haltbar, da das Militär bereits vor den Aufständen sehr geschwächt wurde, da die gegnerischen Mächte sowohl wirtschaftlich als auch militärisch überlegen waren. Damit versucht Ludendorff mögliche Fehler der Obersten Heeresleitung zu verbergen und jeder Verantwortung für die Niederlage Deutschlands und den Konsequenzen zu entgehen. Die Parteien, die für eine Friedensresolution gestimmt hatten, taten dies in einer Zeit, in der die militärische Strategie bereits in Kritik geraten war, da die Effektivität des U-Boot-Krieges infrage gestellt wurde.

Die Forderung nach einer Parlamentarisierung seitens der OHL diente ebenfalls dazu,

---

1 vgl. Albrecht von Thaer, Generalstabsdienst an der Front und in der O.H.L. Aus Briefen und Tagebuchaufzeichnungen 1915-1919, 1958, S. 3
2 Albrecht von Thaer, Generalstabsdienst an der Front und in der O.H.L. Aus Briefen und Tagebuchaufzeichnungen 1915-1919, 1958, S. 235

die Verantwortung für den Waffenstillstand an die Mehrheitsparteien zu übergeben. Diese Aussage Ludendorffs ist historisch gesehen also nicht korrekt und ist vielmehr eine Strategie, die Fehler der OHL zu verdecken. Gleichzeitig bildet sie den Grundgedanken für die Dolchstoßlegende, da Ludendorff die Schuld für die Niederlage explizit im innenpolitischen Bereich sieht. Auch der Vergleich mit der germanischen Sage[3], die Thaer anführt, verbildlicht die Dolchstoßlegende, dadurch dass Ludendorff als Held dargestellt wird, der alles dafür gegeben hätte Deutschland zum Sieg zu verhelfen, doch schlussendlich von den 'eigenen Leuten' verraten wurde.

3.3 Quellenanalyse: Hindenburg „Mein Abschied"

Paul von Hindenburg lebte vom 2. Oktober 1847 bis zum 2. August 1934. Er war deutscher Generalfeldmarschall und Politiker, außerdem führte er im Ersten Weltkrieg die Oberste Heeresleitung. Hindenburg wurde 1925 erstmals zum zweiten Reichspräsidenten der Weimarer Republik gewählt.

Im Folgenden wird die Quelle, die einen Auszug aus Hindenburgs Erinnerungsschriften darstellt, behandelt. Die Quelle mit dem Titel „Mein Abschied" findet sich in dem Buch „Generalfeldmarschall von Hindenburg, Aus meinem Leben, S. 314-316", das im Jahre 1934 vom Hirzelverlag in Leipzig herausgegeben wurde. Erstmals veröffentlicht wurde das Buch im Jahre 1920.

In dem Auszug befasst sich Hindenburg mit der Niederlage Deutschlands im Ersten Weltkrieg, wobei er eine bessere Zukunft für Deutschland vorsieht. Die Erinnerungsschriften wurden anlässlich von Bitten, die bei Hindenburg eingegangen seien sollen, verfasst[4].

In „Mein Abschied" versucht Hindenburg sich und das Militär zu verteidigen und verbreitet Propaganda. Er richtet diese Schrift an das einfache Volk und auch an die deutsche Jugend, da er diese als Deutschlands Zukunft sieht.

Der Quellenauszug lässt sich in zwei Sinnabschnitte unterteilen:
1. Die Vergangenheit Deutschlands (S. 314-315)
2. Die Zukunft Deutschlands (S. 315- 316)

Die Vergangenheit Deutschlands (S.314-315)

Die emotionale Textsprache der Quelle wird zu Beginn mit dem Ausruf „Wir waren am Ende!"[5] deutlich. Dieser Ausruf bezieht sich auf die hoffnungslose Situation

---

3 Albrecht von Thaer, Generalstabsdienst an der Front und in der O.H.L. Aus Briefen und Tagebuchaufzeichnungen 1915-1919, 1958, S. 234
4 Vgl. Paul von Hindenburg, Aus meinem Leben, 1934, S. 5
5 Paul von Hindenburg, Aus meinem Leben, 1934, S. 314

Deutschlands am Ende des Ersten Weltkrieges.

Hindenburg nutzt die Nibelungensage[6] als Metapher, um seine Sicht auf die Lage der Front zu verdeutlichen. Demzufolge sei die „ermattete Front"[7] wie „Siegfried unter dem hinterlistigen Speerwurf des grimmen Hagen"[8] gestürzt. Sie habe „vergebens" versucht, „aus dem versiegenden Quell der heimatlichen Kraft neues Leben zu trinken"[9]. Damit behauptet er, dass das Heer sich durch das eigene Land zu motivieren versuchte, dieses es aber schlussendlich im Stich ließ und vielmehr für seine Niederlage sorgte.

Ihre Aufgabe sei es am Ende gewesen die „übriggebliebenen Kräfte" des Heeres zu sichern, um dann den „Aufbau des Vaterlandes"[10] gewährleisten zu können. Denn die Gegenwart sei verloren gewesen, deshalb sei nur „die Hoffnung auf die Zukunft geblieben"[11]. Damit erklärt Hindenburg, warum die Oberste Heeresleitung die Herbeiführung des Waffenstillstandes am 29. September 1918 gefordert hatte. Der Ausruf „Heran an die Arbeit"[12] unterstreicht die emotionale Textsprache.

Er sagt, er verstehe die Offiziere, die die Tatsache der Niederlage nicht wahrhaben wollten und „Weltflucht" begangen haben. Die „aufgewühlten Leidenschaften" hätten „den wahren Wertkern" des Volkes entstellt. Hindenburg spricht seine Kameraden direkt an „Kameraden der einst so großen, stolzen deutschen Armee!" und fragt sie rhetorisch, ob sie vom „Verzagen"[13] sprechen könnten. Er hält sie dazu an, an die früheren Politiker zu denken, die ein „innerlich neues Vaterland schufen". Es sei durch den Glauben „an sich selbst und an die Heiligkeit ihrer Sache"[14] geschaffen worden und auch Deutschland werde wieder so aufgebaut werden, wenn es so weit sei. Hindenburg nach werde sich der „alte deutsche Geist"[15], der von den Gegnern im Frieden bewundert und gehasst und im Krieg gefürchtet worden sei, wieder aufbauen. Damit könnte Hindenburg, die Einheit des Volkes meinen, da seinem Politikverständnis nach dieses erforderlich sei, um politisch agieren zu können[16]. Dieser Geist werde wieder dazu beitragen, dass man Deutschland „aufs neue mutvoll"[17] aufbauen kann,

---

6 Anmerkung: eine von den Germanen verbreitete Heldensage
7 Paul von Hindenburg, Aus meinem Leben, 1934, S. 314
8 Paul von Hindenburg, Aus meinem Leben, 1934, S. 314
9 Paul von Hindenburg, Aus meinem Leben, 1934, S. 314
10 Paul von Hindenburg, Aus meinem Leben, 1934, S. 314
11 Paul von Hindenburg, Aus meinem Leben, 1934, S. 314
12 Paul von Hindenburg, Aus meinem Leben, 1934, S. 314
13 Paul von Hindenburg, Aus meinem Leben, 1934, S. 314
14 Paul von Hindenburg, Aus meinem Leben, 1934, S. 314
15 Paul von Hindenburg, Aus meinem Leben, 1934, S. 314
16 Vgl. Wolfram Pyta: Hindenburg. Herrschaft zwischen Hohenzollern und Hitler, 2009, S.407
17 Paul von Hindenburg, Aus meinem Leben, 1934, S. 315

Die Zukunft Deutschlands (S. 315-316)

Deutschland werde so lange nicht am Ende sein, „als es den Glauben behält an seine große weltgeschichtliche Sendung". Er habe Vertrauen daran, dass es die besten Politiker schaffen werden, „neue Ideen mit den kostbaren Schätzen der früheren Zeit zu verschmelzen"[18] und so das Vaterland wieder aufzubauen. Damit deutet er eine Reform des Kaiserreiches an, die trotzdem noch diesem ähnlich ist.

Er habe das „Heldenringen" Deutschlands gesehen und glaube nicht daran, dass es sein „Todesringen" gewesen sei. Hindenburg sagt, er habe seine Hoffnungen auf den Endsieg mit dem „Glauben an die Gerechtigkeit" ihrer Sache und mit dem „Vertrauen zu Vaterland und Heer" gestützt. Dabei verweist er zudem auf den Brief des Generalfeldmarschall Herrmann v. Boyen an seinen König im Jahre 1811. Dieser schrieb, dass die Religion ihm die Kraft gab zu tun, was das Recht und die Pflicht fordert und dass der König und das Vaterland für ihn das Heiligste seien. Da Hindenburg sagt, dass seine Gedanken in den schweren Stunden des Krieges mit diesen Worten ausgedrückt werden können, nimmt er auch diese Position an.

Es habe „eine Sturmflut wilder politischer Leidenschaften und tönender Redensarten" die „staatliche Auffassung unter sich vergraben". Diese „Flut" werde sich aber verlaufen. Hier bezieht er sich auf die Parteien, die andere Ziele als die OHL verfolgten und teilweise für Aufstände sorgten, wie die Sozialdemokraten. Er verwendet die Metapher des Felsens, das aus dem „ewig bewegten Meere völkischen Lebens"[19] wieder auftauchen werde.

Durch das Kaisertum sei der „nationale Gedanke, das nationale Bewußtsein wieder entstanden"[20]. Wenn die nationale Einheit wieder geschaffen sei, werde das Volk mit berechtigtem Stolz und reinem Gewissen[21] auf den Krieg zurückblicken und das Blut der Gefallenen „im Glauben an Deutschlands Größe"[22] werde nicht erfolglos vergossen sein. Dabei vertraue er auf die deutsche Jugend.

Sachurteil: Bewertung der Quelle

Aufgrund der Tatsache, dass Hindenburg die Oberste Heeresleitung anführte, sieht er sich in der Pflicht die Entscheidungen der OHL zu verteidigen und so auszulegen, dass die Schuld für die Niederlage Deutschlands nicht dem Militär zugesprochen werden kann. Gleich zu Beginn des Quellenauszuges verdeutlicht er seinen Standpunkt, indem er die Metapher des Dolchstoßes in Verbindung mit der Nibelungensage gebraucht, um

---

18 Paul von Hindenburg, Aus meinem Leben, 1934, S. 315
19 Paul von Hindenburg, Aus meinem Leben, 1934, S. 316
20 Paul von Hindenburg, Aus meinem Leben, 1934, S. 316
21 Paul von Hindenburg, Aus meinem Leben, 1934, S. 316
22 Paul von Hindenburg, Aus meinem Leben, 1934, S. 316

zu verdeutlichen, dass das Heer siegreich gewesen sei, bis die Parteien im Reichstag den Sieg zu verhindern versucht hätten. Das Ziel der Parteien im Reichstag, den Frieden wiederherzustellen ohne auf Gebietsansprüche zu bestehen, deutet er somit als Verrat. Er blendet dabei jedoch aus, dass das Militär überfordert war und die OHL trotz dieser Tatsache Friedensbemühungen zu spät vorgenommen hat. Diese Parteien, wie das Zentrum, die Sozialdemokratie und die Liberalen, haben, im Gegensatz zur OHL, die Folgen der Fortführung des Krieges vorausgesehen und sich um eine frühzeitige und 'folgenlose' Beendigung bemüht. Dabei ist jedoch nicht völlig auszuschließen, dass sie dabei auch den Hintergedanken hatten das Vertrauen des Volkes, das unter dem Krieg gelitten hat, zu gewinnen.

Er sieht die Friedensbemühung seitens der OHL, die die „übriggebliebenen Kräfte"[23] retten sollte, als einen klugen Schritt und verleugnet dabei, dass dieser längst überfällig war. Hindenburg versucht das Volk zu manipulieren, indem er sich auf die nationale Einheit und das Kaiserreich, sowie auf den Generalfeldmarschall Herrmann v. Boyen bezieht und damit eine Verbundenheit herzustellen versucht. Somit stellt er sich als jemand dar, dem die Geschichte Deutschlands sehr wichtig ist und der ebenso das Vaterland als das Heiligste sieht, um den Eindruck zu schaffen, dass er nicht für etwas verantwortlich sein kann, das diesem schaden könnte.

---

23 Paul von Hindenburg, Aus meinem Leben, 1934, S. 314

4. Fazit

Die behandelten Quellen legen die Absichten und Argumentationsweisen derjenigen, die im Ersten Weltkrieg verantwortlich für die deutsche Oberste Heeresleitung waren, offen.

Schlussfolgernd kann man festhalten, dass Erich Ludendorff und Paul von Hindenburg die Dolchstoßlegende, dessen Ursprung nicht ganz klar ist, verbreiteten, um die Verantwortung der Kriegsniederlage nicht selbst tragen zu müssen und somit auf diejenigen Parteien, die nicht die selben Anschauungen und Ziele wie die Oberste Heeresleitung teilten und verfolgten, zu übertragen. Diese Parteien sind hauptsächlich die Sozialdemokratie und andere demokratische Parteien. Die Leitung der OHL führte besonders die Aufstände in der Bevölkerung und die Friedensresolution als Grund für die Niederlage Deutschlands an.

Die Dolchstoßlegende sollte dem Volk also den Anschein verschaffen, die deutsche Armee sei eigentlich sehr erfolgreich gewesen, doch innerpolitische Unstimmigkeiten hätten für die Niederlage gesorgt.

Somit hat die OHL eigene Fehler in der Kriegsführung zu verbergen versucht, indem sie Politikern, die teilweise auf diese Fehler hingewiesen haben, die Schuld zugeschrieben hat.

Mithilfe der Dolchstoßlegende hat die Führung der Obersten Heeresleitung zusätzlich versucht den Eindruck zu schaffen, sie hätte Deutschland rechtzeitig noch vor der totalen Katastrophe bewahrt, indem sie 'frühzeitig' die Friedensverhandlung gefordert hätte.

Literaturverzeichnis

- Hagen Schulze, Weimar, Deutschland 1917-1933, Siedler 1.Ausgabe, Oktober 1998
- Hans Ulrich Wehler: Das Deutsche Kaiserreich 1871-1918, 2. Auflage, Göttingen 1975
- Wolfram Pyta: Hindenburg. Herrschaft zwischen Hohenzollern und Hitler, 2 Auflage, München 2009
- Albrecht von Thaer, Generalstabsdienst an der Front und in der O.H.L. Aus Briefen und Tagebuchaufzeichnungen 1915-1919,
- Paul von Hindenburg, Aus meinem Leben, 1934 Göttingen
- http://wortwuchs.net/legende/, 09.02.2016

BEI GRIN MACHT SICH IHR WISSEN BEZAHLT

- Wir veröffentlichen Ihre Hausarbeit,
  Bachelor- und Masterarbeit

- Ihr eigenes eBook und Buch -
  weltweit in allen wichtigen Shops

- Verdienen Sie an jedem Verkauf

Jetzt bei www.GRIN.com hochladen
und kostenlos publizieren